BEI GRIN MACHT SICH IHR WISSEN BEZAHLT

Psychologische Grundlagen und Anwendungsdisziplinen. Entstehung der Disziplin, Behaviorismus und aktuelle Trends

Bibliografische Information der Deutschen Nationalbibliothek:

Die Deutsche Nationalbibliothek verzeichnet diese Publikation in der Deutschen Nationalbibliografie; detaillierte bibliografische Daten sind im Internet über http://dnb.d-nb.de abrufbar.

ISBN: 9783346540089
Dieses Buch ist auch als E-Book erhältlich.

Druck und Bindung: Books on Demand GmbH, Norderstedt Germany
Gedruckt auf säurefreiem Papier aus verantwortungsvollen Quellen

Das vorliegende Werk wurde sorgfältig erarbeitet. Dennoch übernehmen Autoren und Verlag für die Richtigkeit von Angaben, Hinweisen, Links und Ratschlägen sowie eventuelle Druckfehler keine Haftung.

Das Buch bei GRIN: https://www.grin.com/document/1149198

Einsendeaufgabe

Einführung in die Psychologie

Alternative A – Psychologische Grundlagen und Anwendungsdisziplinen

Abgeben am 30.07.2021 im Prüfungssekretariat

SRH Fernhochschule – The Mobile University

Inhaltsverzeichnis

1. Wilhelm Wundt und sein Beitrag zur Entstehung der Psychologie als eigenständige Wissenschaftliche Disziplin 1

1.1 Biographie Wilhelm Wundt 1

1.2 Begründung des psychologischen Labors in Leipzig 2

1.3 Etablierung der ersten "Denk-Schulen" und Weiterentwicklung der modernen Psychologie 3

2. Behaviorismus - Einführung der Verhaltensforschung 4

2.1 Definition und Geschichte des Behaviorismus 5

2.2 Einfluss 1930er bis 60er auf den Behaviorismus 6

2.3 Das Laborexperiment im Vergleich mit der Feldstudie 7

3. Weiterentwicklung der Psychologie durch aktuelle Trends 9

3.1 Weiterentwicklung der Kognitionspsychologie durch Neurowissenschaft 9

3.2 Bedeutung der interkulturellen Psychologie 11

3.2.1 Kultur und Wirtschaftspsychologie 12

Literaturverzeichnis 16

Abkürzungsverzeichnis

Bzw.	Beziehungsweise
CCS	Cultural Consulation Service
CT	Computertomographie
Etc.	Et cetera
fMRT	Funktionelle Magnetresonanztomographie
MRT	Magnetresonanztomographie
PET	Positronen-Emissions-Tomographie
S.	Seite

1. Wilhelm Wundt und sein Beitrag zur Entstehung der Psychologie als eigenständige Wissenschaftliche Disziplin

In Unterkapitel 1.1 wird zuerst die Biographie Wilhelm Wundts beschrieben. In Unterkapitel 1.2 soll dann die Begründung des ersten Leipziger Labors als der Beginn der Psychologie als eigenständige wissenschaftliche Disziplin erläutert und in Unterkapitel 1.3 dessen Auswirkungen für die Psychologie durch die Entwicklung weiterer Denkschulen und der modernen Psychologie aufgezeigt werden.

1.1 Biographie Wilhelm Wundt

Wilhelm Maximilian Wundt ist 1832 in Neckarau als Pfarrerssohn geboren und starb 1920 in Großbothen bei Leipzig. Er gilt heute als der Begründer der experimentellen, im Labor stattfindenden Psychologie. Nach Abschluss seines Abiturs begann Wundt mit einem Medizinstudium in Tübingen, aus welchem eine Dissertation über das Verhalten der Nerven und 1857 die Habilitation in Physiologie folgten. Wundt vertrat die Ansicht, dass psychologische Forschung im Kontext mit philosophischen Traditionen betrachtet werden muss und ordnete sie in den Bereich der Geistes- und Sozialwissenschaften ein (Reuter, 2014, S. 136-137). 1858-1863 arbeitete Wundt für Herman von Helmholtz als Assistent in Heidelberg und wurde darauffolgend 1864, Abgeordneter der zweiten Kammer des badischen Landtags für Heidelberg. Nachdem er eine kurze Zeit als Professor für induktive Philosophie an der Universität Zürich verbrachte, begab sich Wundt schließlich 1875-1917 als Professor für Philosophie an die Universität Leipzig. Dort gründete er auch (1883) die Zeitschrift "Philosophische Studien", in der er sich mit der bestehenden Völkerpsychologie auseinandersetzte (Fahrenberg, 2019). Dabei kritisierte Wundt seine Zeitgenossen, Steinthal und Lazarus, hinsichtlich ihrer Sicht auf die Völkerpsychologie. Es entstand eine Diskussion über die Etablierung einer Form der Psychologie, die inhaltlich wie methodisch klare experimentelle Aussagen forderte, welche auf der Zerlegung komplexer psychologischer Phänomene beruhen sollten. 1879 leistet Wilhelm Wundt seinen fundamentalsten Beitrag zur Begründung der experimentellen Psychologie, mit der Gründung des psychologischen Labors in Leipzig (Reuter, 2014, S. 138).

1.2 Begründung des psychologischen Labors in Leipzig

Mit dem Ziel die Psychologie als eigenständige Wissenschaft abzugrenzen, die in ihren Forschungsabläufen und -methoden an den Naturwissenschaften orientierte, gründete Wundt 1879, mit seinen Kollegen, zunächst privat, das erste psychologische Labor in Leipzig. 1882/83 wurde die Institution dann auch durch Sachmittel und Räume der Universität Leipzig unterstützt, erhielt staatliche Anerkennung (Fahrenberg, 2019). Diese Begründung wird bis heute als Meilenstein der Geschichte der Psychologie und Grundstein des psychologischen Selbstverständnisses, wie es heute bekannt ist, angesehen. Die so genannte "Erste Leipziger Schule" beschäftigte sich unter anderem auch mit der Marginalisierung der Erforschung kultureller Phänomene, gegen welche Wundt sich immer gestellt hatte. Des Weiteren wurden vielfältige Anfertigungen von neuartigen Apparaturen getätigt, um den Anforderungen des Laborbetriebs nachzukommen. Wundt und seine Kollegen orientierten sich an der Elementenpsychologie, um die komplexen Vorgänge des Alltagsdenken kontrolliert untersuchen zu können. Die psychologische Wirklichkeit sollte in ihre weitestgehenden Einzelteile zerlegt werden und die Gesetze untersucht werden, durch welche sich diese Elemente verbinden (Reuter, 2014, S. 138-139).

Wundt und seine Schule verfolgten das Ziel, durch das Experiment als Königsweg der neuen Form der Forschung, Erkenntnisse über die Ursache-Wirkungs-Beziehung psychologischer Phänomene zu erlangen. Dabei sollten die Kontrollierbarkeit aller Variablen wie Störvariablen, die genaue Beobachtung und die Protokollführung Hauptaspekte im wissenschaftlichen Vorgehen sein. Diese waren angelehnt an bereits bekannte Herangehensweisen aus der Naturwissenschaft, wie beispielsweise in der Physik (Mühlfelder, 2017, S. 14-16). Wundt löste sich in der Behandlung des Problems der Sinneswahrnehmung von der bisher gültigen philosophischen Sicht. Dieses sollte stattdessen mit physiologischen Methoden untersucht werden, aber als psychologisches Phänomen definiert sein. Übertragen bedeutete dies, Erfahrungen von Sinneseindrücken zu messen, um allgemeingültige Aussagen treffen zu könne bzw. sollten psychologische Theorien rein aus experimentell überprüfbaren Hypothesen entspringen (Eckardt, 2019, S. 43-45). „Die naturwissenschaftliche Methodik verlangt nicht die Vermeidung vorgefasster Ansichten, sondern ihre vorurteilslose Prüfung, die umsichtige Betrachtnahme der für und widersprechenden Instanzen. Dieser Anforderung hoffe ich nachgekommen zu sein, und sollte die Begründung der Theorie noch einige Lücken zeigen, so möge man bedenken, dass die konsequente Anwendung der experimentellen Methode im psychologischen Gebiet noch neu und deshalb schwierig ist. [...] " (Wundt 1862; zitiert nach

Eckardt, 2019, S. 46). Somit legte Wilhelm Wundt den ersten Grundstein für die Etablierung der Psychologie als eigenständige Wissenschaft in deutschen Hochschulen und Universitäten.

1.3 Etablierung der ersten "Denk-Schulen" und Weiterentwicklung der modernen Psychologie

Resultierend aus der Leipziger Schule, entwickelten sich weitere Denkschulen in ganz Deutschland, welche zu Teilen durch die Schüler Wundts angeleitet wurden, die sein Werk erweiterten und sich neuen Forschungsthemen zuwandten. Wilhelm Wundt regte also mit der Begründung des psychologischen Labors in Leipzig, die Weiterentwicklung der modernen Psychologie, durch die vielen daraus entspringenden Denkschulen an. Ein prägnantes Beispiel dafür, stellt die Würzburger Schule dar, welche besonders durch Oswald Külpe (1862 - 1915) geprägt wurde. Der ehemalige Schüler und Assistent Wilhelm Wundts, orientierte sich an Franz Brentanos Lehre von der Intentionalität des Bewusstseins. Külpe war der Auffassung, dass die Psychologie seines Lehrers, besonders hinsichtlich der Selbsterfahrung des Denkens unter nachprüfbaren Bedingungen, veränderungswürdig sei. Auch die damit in Beziehung zusetzende Kritik an der Zerlegung des psychischen Geschehens war Anspruch Külpes (Reuter, 2014, S. 140).

Ein weiterer wichtiger Weiterentwickler der modernen Psychologie, findet sich in Max Wertheimer (1880 – 1943), der wiederum ein Schüler Külpes war. In Zusammenarbeit mit Kurt Koffka (1886 – 1941) und Wolfgang Köhler (1887 – 1976) entwarf Wertheimer die gestaltpsychologische Forschung. Sie werden der so genannten Frankfurter-Berliner Schule zugeschrieben, welche in ihrer Gestaltpsychologie parallelen zum Denken und Forschen der Würzburger Schule aufweist. Als wichtiger Leitsatz, galt die von Christian von Ehrenfels (1859 – 1932) formulierte Aussage "Das Ganze ist mehr (oder etwas anders) als die Summe seiner Teile" (Ehrenfels, 1859 – 1932; zitiert nach Reuter, 2014, S. 145). Die sich daraus entwickelten psychologischen Gestaltsätze gelten bis heute als relevant. Auch die Umzentrierung im Problemlöseprozess nach Wertheimer, findet Anwendung in der heutigen Kreativitätspsychologie, als auch in der Psychotherapie, z. B. der kognitiven Verhaltenstherapie (Reuter, 2014, S. 145-147).

Ein Zeitgenosse Wertheimers, der sich ebenfalls der Berliner Schule zuweisen lässt, war Kurt Lewin (1890 – 1947). Bekannt war dieser durch seine Forschung die kindliche Entwicklung und den Lebensraum des Kindes. Neben seinem Interesse zur Sozialpsychologie, entwickelte

3

Lewin aber auch die so genannte Feldtheorie. In dieser beschäftigte sich Lewin mit der Interaktion zwischen verschiedenen Individuen und der Umwelt und versuchte diese mit mathematischen Methoden der Vektorenrechnung und der Geometrie in Beziehung zu setzen, um Verhalten vorherzusagen. Dafür berücksichtigte er auch den verhaltenswirksamen Raum. In seiner entwickelten Gleichung: $V = f(P, U)$ definierte er das Verhalten (V) als eine Funktion aus Personen (P) und Umwelt (U) und wendete sich so von der elementarischen Sicht auf psychische Prozesse ab.

Lewins topologisch orientierte Theorie stellt bis heute einen erheblichen Gewinn für die Sozialpsychologie dar, da durch sie komplexe Problemstellungen leichter in ihren Zusammenhängen betrachtet werden können (Reuter, 2014, S. 147-148).

Durch den Beginn des Nationalsozialismus in Deutschland und dem damit einhergehenden "Gesetz zur Wiederherstellung des Berufsbeamtentums" um 1933, verloren viele jüdische Professoren nicht nur ihre Ämter, sondern waren aufgrund der Verfolgung zur Emigration gezwungen. Die Flucht in die USA vieler bekannter deutscher Psychologen, wie auch Hussler, Wertheimer, Koffka und Lewin, hatte zur Folge, dass sich ihr Wissen, unter anderem zum gestaltpsychologischen Denken, an den amerikanischen Universitäten verbreitete und etablierte. So erlangte die Entwicklung der modernen Psychologie, einst angetrieben durch Wilhelm Wundt, auch internationale Anerkennung.

Diese Wirkungskraft der ersten Schulen nach Wundt lässt sich auch in psychologischen Forschungsansätzen wiederfinden, die psychologische Phänomene durch Laborexperimente zu untersuchen versuchen, wie beispielweise die Verhaltensforschung der Russischen Schule oder des Behaviorismus (Reuter, 2014, S. 153).

2. Behaviorismus - Einführung der Verhaltensforschung

Im zweiten Kapitel wird in Unterkapitel 2.1 die Definition und die Geschichte des Behaviorismus beleuchtet. In Unterkapitel 2.2 beschäftigt sich mit dem Einfluss Hulls und Skinners auf den Behaviorismus in den 1960-30er Jahren. In Unterkapitel 2.3 wird zuletzt die Beschäftigung mit Verhaltensexperimenten mit Tieren im Labor in Vergleich zur Feldstudie als psychologische Forschungsmethode gesetzt.

2.1 Definition und Geschichte des Behaviorismus

Der Behaviorismus lässt sich als Theorie des Verhaltens bezeichnen, dessen Ziel die Anpassung eines Individuums an seine Umwelt ist. Gegründet wurde der Behaviorismus von John Watson, der seine Theorie im englischen als "behaviorism" bezeichnete. Der damalige Professor in Chicago, entwarf seine Annahmen Anfang des 20. Jahrhunderts mit dem Hintergrund sich von der Bewusstseinspsychologie weg, hin zur systematischen Erforschung des Verhaltens zu wenden. Dies begründete der Professor mit der Behauptung, dass Bewusstseinsempfindungen wissenschaftlich nicht empirisch nachvollziehbar sind, wohingegen das Verhalten eines Organismus als einziges wissenschaftlich bestimmbar ist. Verhalten ist dabei nach Watson, als Reaktion auf Umweltreize definiert. Seine Theorie besagt, dass jeder Organismus viele verschiedene Reaktionsverbindungen besitzt, die sich einfacher als Gewohnheiten betiteln lassen und sich durch Lernen verändern. Lernen erfolgte in diesem Kontext durch Belohnung oder Bestrafung, wodurch sich der Organismus in seinem Verhalten an seine Umwelt anpasst (Schönpflug, 2016, S. 21-22). Ziel war es also, durch wissenschaftliche Analyse, Erkenntnisse darüber zu erlangen, wie bestimmte vorrausgehender Stimuli (S), spezifische Reaktionsverhalten (R) bedingen, die wiederum abhängig von den folgenden Konsequenzen sind. Verhalten sollte durch gezielte Manipulation kontrollierbar gemacht werden bzw. Konditioniert werden (BeckerCarus & Wendt, 2017, S. 7). Dies bedeutete für Watson in seiner Theorie auch, dass man aus jedem Individuum eine beliebige Persönlichkeit formen kann. Er untermauert seine Aussagen durch Humanexperimente, wie beispielsweise einem seinen bekannteren Experimenten am 11 Monate alten Albert zur Aversionskonditionierung, welche in der heutigen Zeit ethisch nicht mehr vertretbar wären (Reuter, 2014, S. 188).

Somit wird im Behaviorismus vollkommen auf die Introspektion in der Psychologie verzichtet. Stattdessen wird der menschliche Organismus als so genannte "Black Box" betrachtet. Das Modell der "Black Box" beruht dabei auf einem System der Verarbeitung innerer und äußerer Reize, wobei Eingang und Ausgang klar als eingehender Reiz und daraus folgende Reaktion definierbar sind. Die Verarbeitung der Reize oder auch beispielsweise das Lernen, Fühlen, Denken oder Behalten, stellen dabei die eigentliche "Black Box" dar, da sie in der behavioristischen Theorie nicht zugänglich bzw. nicht untersuchbar sind und somit als irrelevant angesehen werden (Seel & Hanke, 2015, S. 31).

Seine Wurzel hat der Behaviorismus unter anderem im französischen und britischen Materialismus. Materialisten waren während der Epoche der Aufklärung im 18. Jahrhundert besonders in Paris besiedelt sowie in andern Teilen Frankreichs und Großbritanniens. Sie gingen von der völligen Abhängigkeit des Menschen von seiner Umwelt aus, wodurch Erziehung, Wirtschaft, Rechtsprechung etc., durch Belohnung und Bestrafung geprägt waren, um ein adäquates Verhalten und Handeln des Menschen zu erzwingen. Diese Eigenschaften spiegelt sich auch in der Methodenlehre des Behaviorismus wider, in welcher ebenfalls auf die Nützlichkeit und die Anwendung von Bestrafungs- bzw. Belohnungssystemen abgezielt wird. Ein weiter Überschneidungspunkt des Behaviorismus, findet sich in seiner Parallele zur russischen Reflexologie, welche zeitgleich in Russland entwickelt wurde und ebenfalls im Materialismus wurzelt (Schönpflug, 2016, S. 23-24).

2.2 Einfluss 1930er bis 60er auf den Behaviorismus

Mit der Weiterentwicklung der Theorie durch Nachfolger Watsons, differenzierte sich der Behaviorismus immer weiter aus. So ergänzte Clark L. Hull (1884-1952) die äußeren Reize, welche durch die Umwelt entstehen, um innere Reize, auch Triebreize genannt, wie beispielweise Gefühle, Hunger oder Schmerzen. Er ging zudem davon aus, dass Gewohnheiten und Reaktionen nicht nur auf Einzelreize, sondern vor allem auf Reizkombinationen zurückzuführen sind, welche willkürlich entstehen können (Schönpflug, 2016, S. 21).

Ein weiterer bekannter Weiterentwickler des Behaviorismus war Burrhus F. Skinner (1904-1990). Der Harvard-Professor widmete sich besonders der Wirkung von so genannten Verstärkern auf das Verhalten eines Organismus und erforschte die Lernpsychologie. Dazu führte er ab 1938, verschiedene lernpsychologische Experimente durch, in denen er „Stimulus" (Reiz) und „Response" (Reaktion) mit verschiedenen Verstärkerplänen in Verbindung setzte. Skinner untersuchte unter anderem die Wirkung von Belohnungen in Abhängigkeit zu Regelmäßigkeit oder Leistungsabhängigkeit der Belohnungen. Seine Versuche führte er mit Tieren, meist Ratten oder Tauben durch, die er in selbst konstruierten Boxen für bestimmte Aktionen, verschieden belohnte. In diesen als Skinner-Boxen bekannten Käfigen, führten die Tiere zunächst unbewusst Arbeiten, wie das Drücken eines Hebels aus und wurden dann, mit beispielsweise der Zufuhr von Futter belohnt. Durch eine ständige Wiederholung dieses Vorgangs, sollte der Lerneffekt erzielt werden, dass die Tiere irgendwann bewusst die Aktion "Hebel drücken" ausführt, um die Belohnung "Futter" zu erlangen. Dieses Lernergebnis nannte Skinner dann, die operante Konditionierung (Schönpflug, 2016, S. 22). Der Anwendungsgedanke in der psychologischen Forschung war folglich stark verankert in den Methoden Skinners. Durch seine, wie Skinner sie betitelte "Verhaltenstechnologie", veränderte sich das Bild des Menschen hinsichtlich seiner Autonomie. Nach seiner Argumentation würde durch die experimentelle Analyse, ein Menschentyp erst geschaffen werden, den Skinner als Mensch der Zukunft sah. Dieses Menschenbild beruhte dabei weniger auf der Autonomie des Menschen als vielmehr auf der Entfaltung seines bereits bestehenden Verhaltensrepertoires, durch die Anwendung Skinners technischer und kontrollierter Verfahren.

Technik bzw. Technologie waren wichtige Begriffe für Skinner, da er durch diese das Bildungswesen und die damit einhergehende Entwicklung des Menschen weiterentwickeln wollte. Er wendete sich von den Prinzipien Wertheimers des schöpferischen Denkens und dessen Gestalttheorie ab und versuchte stattdessen mit dem verhaltenssteuernden Gebrauch von seinen konzipierten Technologien, die menschliche Entwicklung zu optimieren. Dafür entwarf Skinner verschiedene Lernmaschinen, welche angemessene Problemlöseverfahren lehren sollten und auch auf der Konditionierung durch Verstärkerpläne beruhten. Diese Technologien gleichen mit ihrem Konzept dabei schon heutigen elektronischen Programmen, wie Tablette, Smartphone oder PC, welche als standardisierte Nutzungsmöglichkeiten im aktuellen Bildungswesen angesehen sind (Reuter, 2014, S. 189-191).

2.3 Das Laborexperiment im Vergleich mit der Feldstudie

Im Behaviorismus stand primär die Forschung mit Verhaltensexperimenten mit Tieren im Labor als psychologische Forschungsmethode im Vordergrund. In diesen Laborexperimenten konnten der Einfluss einzelner Faktoren auf andere Faktoren kontrolliert untersucht werden (Becker-Carus & Wendt, 2017, S. 7). Bewertet man diese Vorgehensweise nach dem wichtigsten Güterkriterium, der Validität, so lassen sich folgende Aussagen über ihre Vor- und Nachteile treffen. Der Vorteil des Verhaltensexperimente im Labor bestand darin, dass alle Variablen leicht kontrollierbar waren und Störvariablen minimiert werden konnten. Die unabhängige Variable (UV) konnte nicht nur einfach modifiziert werden, sondern auch zu den Effekten auf die abhängige Variable (AV) zugeordnet werden. Somit war eine interne Validität begünstigt, also das Ausmaß des Umfangs, in welchen sich AV auf UV zurückführen lässt. Elektronische Messgeräte halfen dabei, die Reize und Reaktionen exakt zu registrieren und zu analysieren, wodurch eine saubere Beweisführung ermöglicht wurde (Becker-Carus & Wendt, 2017, S. 7-8; Myers, 2014, S. 416). Zudem waren die Versuche beliebig wiederholbar, da die Versuchsbedingungen klar definiert waren. Dennoch wies diese psychologische Forschungsmethode als Vorgehensweise zur Erkenntnisgewinnung, auch einige Mängel und Grenzen auf. Zunächst ist die externe Validität, also die Generalisierbarkeit und Übertragbarkeit der Erkenntnisse, durch die künstlich erschaffenen Laborbedingungen kritisch zu hinterfragen (Döring & Bortz, 20, S. 206). Der völlige Ausschluss von Störvariablen ist in der Realität fast unmöglich gegeben, wodurch die Übertragung der im Labor gewonnenen Effekte auf die Realität erschwert wird. Zudem ist auch die Übertragung von animalischen Verhalten im Experiment, auf das menschliche Verhalten auch aus der ethischen Perspektive fraglich, da eine Entmenschlichung des Individuums stattfindet (Schönpflug, 2016, S. 22). Somit kann die Verhaltensforschung im Labor zwar eine interne Validität erreichen, da durch die Laborbedingungen die Variablen kontrolliert und in Bezug gesetzt werden können. Die externe Validität hingegen und somit beispielsweise die Übertragung der Erkenntnisse auf menschliches Verhalten, ist aber eingeschränkt, da die künstlichen Laborbedingungen oftmals schwer auf die Realität übertragbar sind (Döring & Bortz, 20, S. 206). Setzt man die Verhaltensforschung in direkten Vergleich mit anderen psychologischen Forschungsmethoden, so ist zu erkennen, dass dessen genannte Hürden, durch andere Methoden, wie beispielsweise der Feldstudie, zu überwinden sind.

Bezieht man sich auf das Beispiel der Feldstudie, ist diese zunächst als Beobachtung oder Experiment in einem natürlichen Umfeld zu definieren. Während im Feldexperiment, ähnlich wie beim Laborexperiment, Wirkungsbeziehungen untersucht werden, findet dies aber in einer natürlichen Umgebung mit realen Bedingungen statt. Bei der Feldbeobachtung werden Ereignisse, Verhaltensweisen, etc. im natürlichen Lebensraum beobachtet und aufgezeichnet (Döring & Bortz, 20, S. 206). Vorteilhaft an dieser Form der wissenschaftlichen Forschung ist also besonders die gegebene ökologische Validität bzw. die begünstigte externe Validität, da durch die Beobachtung soziale Systeme in ihrem gewöhnlichen Umfeld bleiben und die Übertragbarkeit auf andere reale Situationen vereinfacht wird (Döring & Bortz, 20, S. 206-207). Zudem könnten Feldstudien im Gegensatz zu Laborexperimenten offen oder verdeckt ablaufen. Das heißt, dass die Teilnehmer gezielt im Wissen oder Unwissen darüber gelassen werden, ob sie einer Experimental- oder Kontrollgruppe zugordnet sind. Durch das gewohnte Umfeld und sogar das mögliche Unwissen über die Untersuchung der Teilnehmer, kann deren Reaktivität verringert werden. Dieser Aspekt ist im Laborexperiment oftmals nicht umsetzbar (Döring & Bortz, 20, S. 222-224). Zuletzt ist in der teilnehmenden Beobachtung sogar ermöglicht, dass der Beobachter Teil der zu beobachtenden Gruppe wird und somit Einflussnahme auf den Verlauf der Beobachtung hat (Döring & Bortz, 20, S. 229). Nachteile der Felduntersuchung liegen meist aufgrund der schweren Kontrollierbarkeit der Umgebung, in unbeeinflussbaren Störvariablen, die die Versuchsergebnisse verfälschen können. Auch die Erkenntnis in welchem Umfang die sich Abhängige Variablen (AV) auf Unabhängige Variablen (UV) zurückführen lassen, also die interne Validität, ist erschwert. Zusammenfassend ist also hier gegensätzlich zum Laborexperiment Interne Validität erschwert, während die externe Validität, durch das natürliche Umfeld während der Forschung, begünstigt wird (Kuß & Eisend, 2010, S. 158).

3. Weiterentwicklung der Psychologie durch aktuelle Trends

In Kapitel 3 werden verschieden aktuelle psychologische Trends aufgezeigt, die die Psychologie methodisch und inhaltlich voranbringt. Dabei wird in Unterkapitel 3.1 Weiterentwicklung der Psychologie durch Neurowissenschaft aufgezeigt. Unterkapitel 3.2 befasst sich mit der Bedeutung der interkulturellen Psychologie in der heutigen Zeit und nennt Trends im Bereich Wirtschaft in Kapitel 3.2.1 und Psychotherapie in Kapitel 3.2.2.

3.1 Weiterentwicklung der Kognitionspsychologie durch Neurowissenschaft

Die biologische Psychologie stellt als Grundlagenfach ein Teilgebiet der Psychologie dar, in welchem biologische und psychologische Sachverhalte verknüpft werden. Physiologische und neurobiologische Prinzipien, sollen in Verbindung gebracht werden, wobei mittels verschiedener technischer Verfahren, vor allem Zusammenhänge zwischen psychischen Prozessen und der Aktivierung spezifischer Gehirnareale erforscht wird. Das bedeutet, dass sich die biologische Psychologie physiologische Vorgänge untersucht, die für das Verständnis des Erlebens und Verhaltens bedeutend sind. Sie lässt sich dabei in mehrere Forschungsgebiete unterteilen, wie die physiologische Psychologie oder die Evolutionspsychologie, ist aber gleichzeitig allgemein ein wichtiger Teil der Neurowissenschaft. Anwendung findet die Biologische Psychologie somit beispielsweise in der Wirkungsforschung, im Neuromarketing oder in der Gesundheits- und Arbeitspsychologie. Besonders durch die Anwendung neu entwickelter Technologien, wird die Biologische Psychologie immer weiterentwickelt und ist Forschungstrend der heutigen Zeit (Raab & Unger, 2005, S. 281).

In diesem Beispiel soll spezifisch auf die Weiterentwicklung der Kognitionspsychologie durch Neurowissenschaft eingegangen werden. Die Korrelation zwischen Denk-/Wahrnehmungsprozessen und neurologischen Prozessen steht dabei im Fokus der Forschung. Die Einflüsse von Vorgängen des Gehirns auf das menschliche Verhalten, werden in der Neuropsychologie mittels der Untersuchung von Patienten, die an Störungen der Hirnfunktion leiden, erforscht. Diese Verhaltensstörungen werden lokalisierbaren Gehirnregionen zugeordnet, um Rückschlüsse über diese Gehirnareale ziehen zu können. Besagte Störungen können zum Beispiel durch Krankheiten, Verletzungen oder neurochirurgische Eingriffe entstehen. Ziel der Neurobiologie ist es folglich, die Diagnostik zu verbessern und neue Rehabilitationsmaßnahmen zu entwickeln (Raab & Unger, 2005, S. 282). Die Untersuchungsmethoden in diesem wissenschaftlichen Gebiet beruhen auf der Nutzung bildgebender Verfahren, auch Neuroimaging genannt. Die heutige Vielzahl solcher Verfahren bietet die Möglichkeit der Darstellung von Struktur, Aufbau, Biochemie und Funktion des Gehirns. Die wichtigsten bildgebenden Verfahren sind heute die Computertomographie (CT), die Magnetresonanztomographie (MRT, Kernspintomographie), die funktionelle Magnetresonanztomographie (fMRT) sowie die Positronenemissionstomographie (PET). Im Folgenden sollen die genannten Neuroimagings kurz erläutert werden.

Während beim CT, welches der Röntgentechnik ähnelt, eine Vielzahl von Schnittbildern des Körpers aus unterschiedlichen Winkeln angefertigt werden, können auch im MRT Querschnittsbilder erstellt werden, allerdings ohne eine Strahlenbelastung und in einer noch höheren Auflösung (Raab & Unger, 2005, S. 288-289). Stattdessen entstehen die Aufnahmen durch Magnetfelder und Radiowellen, wodurch beim Scan selbst aber, laute Klopfgeräusche, durch die Umpolung der Magnetfelder entstehen (Beyer, 20003,S.30). Beim fMRT kommen ebenfalls Magnetfelder und Radiowellen zum Einsatz, um zwei- oder dreidimensionale Bilder zu erstellen, welche Knochen- und Gewebestrukturen abzeichnen. Bei diesem Verfahren ist es sogar möglich die fortlaufende Gehirnaktivität darzustellen und somit Gehirnregionen zu lokalisieren, welche besonders auf bestimmte Reize reagieren. Durch diese Erkenntnisse sollen Aussagen über die Funktion einzelner Gehirnareale getätigt werden können. Das Prinzip des fMRTs beruht auf der Verbildlichung der Regionen mit erhöhter neuronaler Aktivität, da bei aktiven Nervenzellen ein erhöhter Sauerstoff- und Glukosebedarf besteht. Das dann Sauerstoffliefernde Blut, dient als Kontrastmittel für das fMRT-Gerät, wodurch der Blutfluss, ausgelöst durch gehemmte oder aktivierte Zellen, zeitverzögert nachvollzogen werden kann. Bei der PET, wird der Testperson ein schwach radioaktives Mittel injiziert, welches über den Blutstrom ins Gehirn gelangt. Es werden durch Energieemissionen Stoffwechselvorgänge untersucht, wobei sich das transportierte radioaktive Mittel in Arealen des Gehirns anreichert, wo eine hohe Stoffwechselaktivität stattfindet. Diese Anreicherung wird dann auf einem Computer verbildlicht (Raab & Unger, 2005, S. 289-290).

Erkenntnisse der biologischen Psychologie spielen nicht nur für den medizinischen Aspekt eine Rolle, sondern finden heute bereits Anwendung im wirtschaftlichen Sektor. Im so genannten "Neuromarketing" werden beispielsweise die oben genannten bildgebenden Verfahren als Forschungsmethode genutzt, um das Konsumverhalten von Kunden zu analysieren und die Effekte von Marken, Werbung etc. zu erforschen. Als vorteilhaft bei dieser Methode, stellt sich besonds die Möglichkeit der direkten Erfassung der unbewussten Prozesse, die im Gehirn des gefragten Probanden ablaufen, heraus. So kann der Effekt des sozial erwünschten Antwortverhaltens umgangen werden sowie eine eventuelle Verfälschung durch die zeitliche Verschiebung von Entscheidungs- und Messzeitpunkt verhindert werden. Durch die Beobachtung dessen, welche Gehirnareale eine besonders hohe neuronale Aktivität aufweisen, wenn sie bestimmten Reizen ausgesetzt werden, versuchen Wissenschaftler dann, Rückschlüsse auf die Wirkbeziehung von Reizen, wie bestimmte Werbungen oder Markennamen, mit Emotionen und folgendem Kaufverhalten des Konsumenten zu ermitteln (Raab & Unger, 2005, S. 292-293). Die daraus folgenden Erkenntnisse werden genutzt, um das Marketingmanagement und Werbestrategien von Unternehmen zu optimieren. Problematisch bei dieser Vorgehensweise bleibt aber die Interpretation der Ergebnisse, da die Stimulation bestimmter Hirnregionen nicht genau deutbar sind bzw. Emotionen nicht spezifisch zu identifizieren und auf den gegebenen Reiz zurück zu führen sind. Zudem ist zu beachten, dass sich die einzelnen Gehirne in ihrem genauen anatomischen Aufbau leicht differenzieren. Dies hat zur Folge, dass bei der Gruppenauswertung nur der kleinste gemeinsame Nenner der Versuchspersonen erzeugt wird, da die Bilder der Probanden auf ein standardisiertes Normalhirn angepasst werden (Raab & Unger, 2005, S. 295). Zuletzt sollte auch berücksichtig werden, dass menschliches Verhalten zwar zu Teilen auf biologisch erklärbaren Anlagen beruht, aber auch die Umwelt, wie Bildung, Erziehung, Kultur etc., eine beeinflussende Rolle einnimmt. Dennoch ist und wird die biologische Psychologie mit ihren Erkenntnissen eine wichtige Rolle für die Wirtschaft spielen und nicht nur für Markengestaltung und Werbewirkung, sondern auch beispielsweise für Kundenvertrauen oder die Mitarbeiterauswahl relevant sein (Raab & Unger, 2005, S. 301).

3.2 Bedeutung der interkulturellen Psychologie

Die interkulturelle Psychologie gewinnt im heutigen Zeitalter immer mehr Gewicht und somit auch Weiterentwicklungsbedarf. Dies ist zum einem aus wirtschaftlicher Sicht durch die Globalisierung zu begründen und vor dem Hintergrund zu betrachten, dass ein kulturelles Verständnis und kulturelle Kompetenzen Voraussetzung für globale Geschäftätigkeiten und internationale Geschäftsbeziehungen sind. Zum anderen fordern auch aktuelle politische und sozialpsychologische Herausforderungen, wie die Flüchtlingskrise und die daraus folgende hohe Emigrationsrate, eine genaue Betrachtung und Weiterentwicklung der interkulturellen Konfliktbewältigung. Dies betrifft beispielsweise die Integration von Emigranten, die

Sozialisation von Kindern und Jugendlichen, die Krieg und Flucht erleben mussten, sowie die allgemeine psychosoziale Versorgung von Geflüchteten (Mühlfelder, 2017, S. 93). Im Folgenden sollen daher aktuelle psychologische Trends der Interkulturellen Psychologie aus wirtschaftlicher und aus sozialer bzw. therapeutischer Sicht beleuchtet werden, welche die Psychologie inhaltlich und methodisch voranbringen.

3.2.1 Kultur und Wirtschaftspsychologie

In der Wirtschaftspsychologie spielt im heutigen Zeitalter Kulturverständnis eine wichtige Rolle, sodass sogar der eigenständige Studiengang "interkulturelle Wirtschaftspsychologie" in einigen Universitäten und Hochschulen in Deutschland etabliert wurde. Durch die Globalisierung sind aber auch interkulturelle Trainings in der betrieblichen Weiterbildung zur Unterstützung von Führungskräften in internationalen Tätigkeiten fundamental geworden. Diese beziehen sich auf Inhalte zu Förderung der kulturellen Kompetenzen, wie beispielsweise die Bewusstseinsentwicklung der persönlichen kulturellen Prägung, das Erlernen Multiperspektivischen Handelns oder die Anwendung von Werkzeugen interkultureller Kooperationen (Schenk, 2006, S. 51). Dieser Trend zum allgemeinen besseren Verständnis von Kultur und ihren Einflüssen auf wirtschaftliche Prozesse, bewirkt nicht nur die Schulung des Fachpersonals, sondern auch die Umstrukturierung und Anpassung ganzer Werbe- und Marketingkonzepte von globalen Großunternehmen. Globalisierung und technischer Fortschritt haben zur Folge, dass sich Unternehmen fortlaufend auf neue Bedürfnisse ihrer Konsumenten einstellen müssen. Auch die Eröffnung immer neuer globaler Märkte sowie der steigende Konkurrenzdruck führen zu einem immer komplexeren Markumfeld. Um diese Herausforderungen zu bewältigen, müssen Marketing- und Werbeaktivitäten immer mehr an ihr kulturelles Umfeld angepasst werden. Zu diesem Umfeld gehört die Organisation einer Gesellschaft, die Religion, Sitten, Gebräuche, Feste etc. einer Kultur, die verschiedenen Wertvorstellungen und Einstellungen gegenüber anderen Lebensstilen sowie die gegebenen Bildungsmöglichkeiten. Zuletzt sind auch das Politische System und die Sprache eines Kulturkreises maßgeblich für die interkulturelle Marketing- und Werbegestaltung.

Unterschieden wird zwischen den zwei Marketingstrategien Standardisierung und Differenzierung, wobei Standardisierung die gleichgeschaltete Strategie eines Unternehmens in allen Ländern und Kulturen meint, während eine differenzierte Strategie sich den kulturellen Begebenheiten anpasst. Der Vorteil der der Standardisierten Marketing- und Werbestrategie liegt vor allem in ihrem geringen Kostenaufwand. Dennoch kann diese Form des Marketings und der Werbung auch Nachteile durch hohe Konkurrenz und lokale Gesetze und

Regulierungen erfahren, die der standardisierten Vermarktungsform entgegenstehen. Zudem ist sie stark abhängig von Kulturgebundenheit des Produkts und der Übereinstimmung des Käuferverhaltens der verschiedenen Kulturen (Genkova, 2019, S. 320). Ein Beispiel für dieses Problem stellt das globale Streaming-Unternehmen Netflix dar. Das Großunternehmen hat sich in den letzten Jahren Global ausgebreitet mit Ausnahme des Nahen Osten. Die dort vorherrschenden staatlichen Zensuren sowie die Abneigung gegenüber westlich geprägten Serien und Filmen, aufgrund des bevorzugten konservativen Weltbildes, haben zu Folge, dass Netflix vor einer schwer zu überwindenden Marketingsituation steht. Hinzu kommt der Mangel an lokalisierten Inhalten für diese Regionen, welches das Produkt uninteressanter für die Konsumenten des Nahen Osten macht (Genkova, 2019, S. 325).

Aufgrund der Problematik der rein standardisierten Marketing- und Werbestrategie, greifen heute mehrere Unternehmen, wie zum Beispiel Coca-Cola oder McDonald´s, auf ein gemischtes System der beiden Strategien zurück. Hierbei ist Coca-Cola als Beispiel zu nennen, welches sich an dem Slogan "Think global, act local" ihres ehemaligen Vorstandsvorsitzenden Roberto Goizueta orientiert. Die Mischung aus lokalen kulturspezifischen und global übergreifenden Elementen in ihrem Marketingkonzept zeigt sich in dem Lokal produzierten, indischen Produkt "Maaza", welches kulturspezifisch beworben wird, hier durch Bollywood Schauspieler, aber auch auf der globalen Plattform YouTube vermarktet wird und somit auch kulturübergreifend die Werbebotschaft von Coca-Cola vermittelt. Durch den weltweiten Verkauf ihres primären Produktes, verschafft sich CocaCola ebenfalls durch Standardisierung einen wiedererkennungswert als Unternehmen für Erfrischungsgetränke (Genkova, 2019, S. 324).

Folglich ist der wirtschaftspsychologische Trend der Entwicklung kulturspezifischer Kampagnen globaler Unternehmen ein Erfolg bringendes Konzept, besonders hinsichtlich der Gewinne und der Kundenbindung (Genkova, 2019, S. 326).

3.2.2 Kultur und Psychotherapie

In der Psychotherapie treffen Therapeuten bei der Behandlung, aufgrund der hohen Migrationsrate, immer häufiger auf Patienten mit Migrationshintergrund. Folglich ist der Umgang mit anderen Norm- und Wertesystemen und somit die Entwicklung eines hohen interkulturellen Verständnisses fundamental für die aktuelle und zukünftige Psychotherapie. Kulturelle Prägungen der Patienten sollen in der Behandlung berücksichtigt werden, um die Behandlungsqualität zu steigern (Lersner, 2017, S. 285; Mösko, Barschin, Längst & Lersner,

2015, S. 15). Um diese kulturbedingten Hürden zu überwinden, wurden verschiedene Trainings zur Schulung interkultureller Kompetenzen entwickelt. Die Notwenigkeit dieser Fortbildungen zeigt sich im hohen Bedarf der psychotherapeutischen Behandlungen von Personen mit Migrationshintergrund, die Krieg und Flucht durchleben mussten, da diese Personengruppe eine höhere Betroffenheit von Depressionen und posttraumatischen Belastungsstörungen aufweisen. Dem gegenüber steht das Unsicherheiten der Therapeuten durch kulturelle Differenzen zu höheren Ablehnungsraten, häufigeren Therapieabbrüchen oder erfolglosen Therapieverläufen führen. In diesem Zusammenhang ist der Kulturbegriff, als intersubjektives und vielschichtiges Symbolsystem zu definieren, welches die Wirklichkeit der jeweiligen Gesellschaften ausmacht. Im klinischen Kontext ist dabei besonders die Definition der Identität einer Kultur relevant und wie diese beispielsweise zu sexueller Orientierung, Bildung und Religion steht (Lersner, 2017, S. 285-286). Der Schulungen zum Umgang mit Kultur in der Psychotherapie orientieren sich meistens am drei-Säulen-Konzept der interkulturellen Kompetenz nach Sue und Sue (2013). Dieses beinhaltet die drei Teilaspekte Bewusstsein, Wissen und Fertigkeit. Während man im Aspekt "Bewusstsein" die eigene kulturelle Eingebundenheit und dessen Einfluss auf den eigenen Blickwinkel auf Patienten und Behandlung reflektiert werden soll, wird durch den Aspekt "Wissen", Kenntnis über die Kultur des Patienten erlangt. Der dritte Teilaspekt "Fertigkeit" bezieht sich dann auf die eigentliche Entwicklung von kultursensiblen Interventionsstrategien. Die angebotenen Schulungsmaßnahmen für interkulturelle Kompetenzentwicklung lassen sich Trainings, Supervision und Beratungszentren einteilen. Diese verfolgen das Ziel interkulturelle Sensibilität für den einzelnen Therapeuten, aber auch für das gesamte Gesundheitssystem zu schaffen und somit eine verbesserte Behandlungsmöglichkeit für Menschen mit Migrationshintergrund zu ermöglichen (Lersner, 2017, S. 285-286). Im Folgenden soll beispielhaft ein solches Trainingskonzept dargestellt werden.

Die oben erst genannten Trainings, auch als „diversity Trainings" betitelt, befassen sich vor allem mit dem Umgang mit kultureller Vielfalt. Diese äußert sich in diesem Kontext durch die sechs Merkmale: Alter, Geschlecht, soziokultureller Hintergrund, sexuelle Orientierung, Religion, Behinderung. Die Trainings verfolgen hauptsächlich das Ziel, Vielfalt als Chance, statt Fremdes als Hürde zu betrachten. Sie werden mit Hilfe interaktiver Methoden und praktischer Übungen durchgeführt, die in 12-16 Unterrichtseinheiten stattfinden. Bei den "diversity Trainings" wird also besonders der Aspekt "Fertigkeit" beleuchtet (Lersner, 2017, S. 286-287).

Bei Interkulturellen Kompetenztrainings (IKT) werden hingegen alle drei Säulen des Konzepts der interkulturellen Kompetenz behandelt und geschult. Die drei Kompetenzen sollen in dieser Trainingsform durch Fallbeispiele, Rollenspiele und Selbsterfahrungsübung eingeübt werden, welche in 30 Unterrichtseinheiten innerhalb von drei Wochen stattfinden (Lersner, 2017, S. 288-289).

Interkulturelle Supervisionen befassen sich ebenfalls mit allen drei Kompetenzen nach Sue und Sue, jedoch findet diese Form nicht in einmaligen Trainings statt, sondern wird fortlaufender Begleiter des Therapeuten. Anhand von Problemstellungen des Patienten soll der Behandelnde direkt neue erlernte Fertigkeiten anwenden, sowie die kulturellen Einflüsse erkennen. Zudem ermöglicht die Kombination von Trainings und Supervision, den fachlichen Austausch und die Netzwerkbildung zwischen Psychologen.

Zum Schluss sind als Methode zur interkulturellen Kompetenzentwicklung, Beratungszentren zu nennen. Der beispielweise in Kanada und Großbritannien modellhaft eingeführten "Cultural Consultation Service" (CCS), versucht alle drei Säulen nach Sue und Sue zu umfassen. Ziele sind dabei die Vernetzung und Schulung der Therapeuten und die Unterstützung von Patienten in ihrer Behandlung. Den Patienten soll eine individuell angepasste Behandlung ermöglicht werden, indem mit Hilfe von Sprachmittlern und einer kultursensiblen Anamnese auf sie eingegangen wird. Den Therapeuten soll die Möglichkeit gegeben sein, bei kulturspezifischen Fragen dem CCS in Austausch zu treten, um Behandlungen zu optimieren (Lersner, 2017, S. 289).

Literaturverzeichnis

Becker-Carus, C. & Wendt, M. (Hrsg.). (2017). *Allgemeine Psychologie.* Springer Berlin Heidelberg. https://doi.org/10.1007/978-3-662-53006-1

Beyer, H.-K. (2003). *MRT der Gelenke und der Wirbelsäule.* Springer Berlin Heidelberg. https://doi.org/10.1007/978-3-642-55816-0

Eckardt, G. (2019). *Ausgewählte Texte zur Entstehung der Psychologie als Wissenschaft: In memoriam Wilhelm Wundt* (1. Auflage 2019). Springer Fachmedien Wiesbaden.

Fahrenberg, J. (2019, September 5). *Wundt, Wilhem.* Dorsch Lexikon der Psychologie. Zugriff 03.03.2021.   Verfügbar   unter https://dorsch.hogrefe.com/stichwort/wundtwilhelm#search=69b975ce22ece345e34f64a58cc2 5d3c&offset=0

GENKOVA, P. (2019). *INTERKULTURELLE WIRTSCHAFTSPSYCHOLOGIE.* SPRINGER.

Kuß, A. & Eisend, M. (2010). *Marktforschung.* Gabler.

Lersner, U. von (2017). Interkulturelle Kompetenzen für die Behandlung von Geflüchteten. *Psychotherapeut, 62*(4), 285–290. https://doi.org/10.1007/s00278-0170206-8

Mösko, M.-O., Baschin, K., Längst, G. & Lersner, U. von (2012). Interkulturelle Trainings für die psychosoziale Versorgung. *Psychotherapeut, 57*(1), 15–21. https://doi.org/10.1007/s00278-011-0878-4

Mühlfelder, M. (2017), Einführung in die Psychologie, 1. Aufl., Studienbrief der SRH Fernhochschule, Riedlingen.

Myers, D. G. (2014). *Psychologie.* SPRINGER.

Raab, G. & Unger, F. (2005). *Marktpsychologie: Grundlagen und Anwendung* (2. Aufl.). *Gabler-Lehrbuch.* Gabler.

Reuter, H. (2014). *Geschichte der Psychologie. Bachelorstudium Psychologie.* Hogrefe.

Schenk, E. (2006). Aus der Praxis: Interkulturelle Kompetenz in der betrieblichen Weiterbildung. *Gruppe. Interaktion. Organisation. Zeitschrift für Angewandte Organisationspsychologie (GIO), 37*(1), 51–59. https://doi.org/10.1007/s11612-0060007-y

Schönpflug, W. (2016). *Psychologie - historisch betrachtet.* Springer Fachmedien Wiesbaden. https://doi.org/10.1007/978-3-658-11472-5

Seel, N. M. & Hanke, U. (2015). *Erziehungswissenschaft: Lehrbuch für Bachelor-, Master- und Lehramtsstudierende.* Springer VS. https://doi.org/10.1007/978-3-64255206-9